AF240409

L'AGONIE

D'UN

SÉNATEUR,

ET SON

AMENDE HONORABLE

A LA NATION FRANÇAISE.

Lumen ad revelationem.....

PARIS,

CHEZ LES MARCHANDS DE NOUVEAUTÉS.

1814.

L'AGONIE

D'UN SÉNATEUR,

ET

SON AMENDE HONORABLE

A LA NATION FRANÇAISE.

Lᴀ France vient de perdre, sans qu'elle s'en doute, un grand homme. Le sénateur Thomas Pagniodès n'est plus ! Depuis quelque temps il se sentait incommodé de cinq ou six maladies, presque toutes causées par ses travaux et ses habitudes philosophiques ; aucune d'elles cependant n'était assez grave pour alarmer les nombreux amis de Pagniodès. Le 2 avril encore il assista au Sénat, et aida à rédiger le projet de la nouvelle Constitution ; le soir même il se sentit tout-à-coup travaillé d'un violent mal de tête, se mit au lit, et quarante-huit heures après il avait cessé de vivre. Voyant sa fin approcher, il me fit appeler auprès de lui ; j'eus d'abord de la peine à le reconnaître, ses traits étaient totalement changés. Thomas Pagniodès me fit approcher de son lit, puis se soulevant avec effort, il se pencha de mon côté, et d'une voix défaillante m'adressa les paroles suivantes, avec prière, lorsqu'il ne serait plus, de les publier sous la forme d'un discours, afin que la nation française pût juger des sentimens qui l'animaient au moment de sa mort.

« Après vingt ans de souffrances et de malheurs, la France enfin respire ! Déjà se lèvent pour elle des jours de calme et de sérénité ! La voix de la justice s'est fait entendre, elle a rappelé sur le trône l'auguste héritier de Henri IV ! Il revient ce Monarque trop long-temps exilé pour le repos des Français ! La paix et l'espérance accompagnent ses pas. Libre de toute contrainte, le Français peut sans crime se livrer aux transports de joie que lui inspire cette révolution heureuse, qui vient de précipiter du trône cet étranger ambitieux, qui ne régna que sur le sang et les larmes de ses sujets. Moi seul, hélas ! ne pourrai donc jouir de l'alégresse publique ! Il m'est défendu de voir sourire ce même peuple dont j'aidais à faire couler les pleurs. Qui le sait, ce plaisir passager eût peut-être de quelques momens retardé l'heure fatale.... Mais la mort s'avance...... honneurs, dignités, fortune, elle va tout engloutir ! ! Bientôt je ne serai plus !.... et ma patrie ne conservera de moi que le souvenir des maux dont je ne cessai de l'abreuver. Ah ! du moins avant d'expirer, méritons de la nation française, par le naïf récit de nos fautes, un pardon que nous sommes loin de mériter. Si nous n'avons su vivre avec honneur, mourons le repentir dans l'ame. »

Ecoute, mon ami, l'histoire de mes erreurs.

« Lorsque l'Eternel voulut punir la nation française, il souffla sur elle le désordre et l'anarchie. Tout-à-

coup, comme par enchantement, les idées se brouil-
lent, les volontés se choquent, les opinions se heurtent
et se froissent. Un esprit d'indépendance et d'innovation
fermente de toutes parts, on ne rêve que liberté ; l'éga-
lité des conditions est regardée comme seule garante
d'un bonheur, dont l'existence est aussi chimérique
qu'impossible. Moi-même, tu le sais, je fus un des
plus zélés propagandistes de cette doctrine anti-sociale.
Que les conséquences en furent funestes ! Le vertueux
Louis XVI accusé de tyrannie, et condamné à expier
sur un échafaud le crime impardonnable d'avoir fait,
pendant quinze ans, le bonheur de ses sujets, je
mêlais ma voix à celle de ses bourreaux, et je signai
sa mort de cette même main encore pleine de ses
bienfaits. Souvenir douloureux, il accable mon
ame !...... Indignées d'un attentat si odieux, les
nations étrangères courent aux armes ; elles ont juré
de venger l'infortuné Monarque. Déjà elles ont
franchi les barrières qui les séparent de la France ;
elles menacent la capitale ; les Représentans du peuple
tremblent (1) : un seul moyen peut nous sauver. Nous
marchandons avec l'ennemi..... Il se retire.... Nous en
sommes quittes pour la peur, et la nation française
pour cinquante millions.

Lasse de flotter dans un état d'anarchie si cruel,
la France reprend ses droits, et veut se donner un
maître. Un étranger se présente, mélange adroit de
bassesse et de fierté, d'orgueil et de petitesse ; souple,

______

(1) Thomas Pagniodès fut tour à-tour Représentant du peuple
membre du Conseil des cinq-cents et Sénateur.

dissimulé, Bonaparte, sous les dehors d'un grand homme, cache une ame vile et mercenaire. Son jeune âge, sa bonne fortune, ses exploits militaires, tout parle en sa faveur. Les Français se précipitent les yeux fermés au-devant de celui qui doit un jour les charger de chaînes. Le premier acte de ce soldat parvenu fut le renversement du Conseil des cinq-cents: conduite impolitique dont Bonaparte ne tarda pas à se repentir. Il fallait pour seconder les ambitieux projets que déjà il roulait dans sa tête, des hommes capables de tout feindre et de tout dissimuler ; serviles adorateurs de quiconque les achetait, prôneurs éternels du premier venu qui aurait assez d'adresse pour les attacher à sa fortune. Pouvait-il choisir ailleurs, que parmi ces mêmes hommes qui depuis cinq ans se jouaient de la nation, et se disputaient les dépouilles de son Roi ? Bonaparte a le bon esprit de le comprendre. Nous languissions ignorés... Quelques-uns de nous-mêmes, naguère grands personnages, après avoir dévoré l'or de la nation, étaient obligés pour vivre, de rédiger des feuilles périodiques (1). Bonaparte nous rappelle ; nous devenons ses amis, ses créatures ; il nous fait part de ses projets, nous l'encourageons, nous flattons le jeune guerrier ; et

______

(1) Allusion à R. de St-J. d'A..., l'ami de Pagniodès. Il rédigea long-temps la Quotidienne ; à force de ramper, et de phrases en phrases, il tomba au fauteuil de Sénateur. Il avait coutume de dire : Avec une bonne santé et.... (la décence m'empêche de placer ici le mot qu'il prononçait alors (on est sûr de parvenir aux premières dignités.....

c'est peut-être à nous qu'il doit la première idée d'usurper la couronne de Charlemagne. Il est vrai que nous travaillions en cela pour nous-mêmes. Il fallait bien recouvrer la fortune immense que nous avions dissipée; et Bonaparte une fois sur le trône pouvait-il sans ingratitude nous oublier?

Cette idée flatte Bonaparte, il hésite cependant; il a promis de remettre sur le trône l'héritier de Louis XVIII. Quoi donc, lui disons-nous, vous balanceriez, lorsque la nation d'une voix unanime vous a déclaré son maître; c'est à vous à fixer ses destinées trop long-temps incertaines. Osez, et la fortune secondera votre audace; mais avant tout, il faut qu'un homme meure pour le repos du peuple, pour votre sûreté et pour notre existence personnelle. D'Enghien est un ennemi aussi intrépide que redoutable; un jour il vous arracherait une couronne que défendraient peut-être faiblement vos vertus et vos qualités guerrières. Bona-parte se trouble, l'idée d'un pareil forfait le fait pâlir un moment; il revient bientôt à lui-même, loue notre zèle, et promet de suivre nos conseils. D'Enghien est arrêté, chargé de fers; on le traîne à Paris, on l'enferme à Vincennes, et deux jours après il a cessé de vivre. O Prince magnanime, héros digne d'éternels regrets, pardonne à celui qui conseilla ta mort!..... Aujourd'hui que la vérité luit à mes yeux, je pleure avec tous les cœurs français ton trépas aussi horrible que cruel. Puisse mon repentir trop tardif, il est vrai, effacer le souvenir du crime dont je me suis rendu complice.

Une fois débarrassé d'un si dangereux adversaire,

Bonaparte lève le masque, et se fait nommer Empereur. La nation, qui croit entrevoir l'aurore du bonheur, se hâte de le reconnaître solennellement. C'est la main du Pape qui vient poser la couronne que portèrent les Charlemagne, les Robert, les Henri, sur la tête d'un homme étranger à la France, et que les Romains attelaient autrefois à leurs chars lorsqu'ils rentraient triomphans dans la capitale du peuple Roi. Il est vrai que Bonaparte a menacé de sa vengeance le souverain Pontife s'il n'obéit à ses ordres. C'est ici que commence pour nous cette longue jouissance de plaisirs et de douceurs. Les dignités nous accablent, les honneurs nous écrasent. Représentans de la Nation, nous marchons immédiatement après celui que nous venons d'élever. Au milieu de tant d'éclat et d'une fortune si brillante, nous eussions pu sans doute faire le bonheur du Français : nous préférâmes creuser l'abîme de ses maux.

Incapable de supporter le repos, Bonaparte ne soupirait qu'après la guerre ; la paix était à ses yeux la plus triste des servitudes. Bien loin de calmer cette passion cruelle, cause fatale des maux de l'humanité, nous employons pour l'accroître tout ce que l'éloquence a de plus persuasif, et la dialectique de plus véhément. L'Allemagne est la première puissance dont nous devions tirer vengeance ; c'est elle qui la première avait osé élever la voix en faveur de Louis XVI. Aussitôt, sans manifeste, sans déclaration de guerre préalable, sans explication ultérieure, l'Autriche est envahie ; elle se défend faiblement, les Français triomphent : Bonaparte revient vainqueur. Je n'essayerai point ici de peindre les transports du Sénat. On courbe le genou ; on se prosterne aux pieds de Bonaparte ; les expressions manquent pour louer le héros. D'une voix unanime nous lui donnons le surnom de grand , sans prendre garde qu'il avait fallu à Louis XIV vingt ans de campagnes glorieuses pour mériter ce titre.

Tandis que par ces hommages serviles , ces éloges bassement mercenaires , nouveaux Tigellins , nous flattons l'orgueil d'un nouveau Tibère , l'Allemagne humiliée , songe à réparer ses défaites. Bonaparte vole de nouveau aux combats : de part et d'autre l'acharnement est égal ; mais bientôt l'Allemagne trahie succombe. Pour la seconde fois la capitale de l'Autriche est envahie ; Schœnbrunn voit signer une des plus étranges paix dont l'histoire fasse mention. Un des articles secrets porte que la fille de François deviendra l'épouse de Bonaparte. Il faut choisir entre le détrônement et ce dernier moyen. François combat long-temps : il cède enfin ; et pour conserver la couronne de ses pères, il sacrifie sa fille. Marie-Louise, des mains de son père, passe dans les bras d'un huissier couronné. Bonaparte en montant sur le trône avait autorisé le divorce ; mais par une réserve assez sage, il l'avait exclu de la famille impériale. Aujourd'hui foulant aux pieds les lois qu'il a lui-même établies, il abandonne sans honte cette même femme à qui il fut redevable de sa première fortune. Il fallait colorer une conduite aussi étrange. Avec des phrases on vient à bout de tout. Les journaux retentissent aussitôt des noms d'une foule de rois qui, dans la crainte de voir passer leurs couronnes sur la tête de quelque famille étrangère, n'ont pas fait difficulté de répudier leurs femmes, que l'âge ou quelque autre cause rendaient stériles. Est-il rien d'ailleurs qui doive coûter, quand il s'agit du bonheur de tout un peuple? Et quel gage plus assuré de la félicité future des Français, que la naissance d'un prince, héritier des grandes qualités de Bonaparte? Le divorce est décidé. C'est au Sénat qu'est réservé le soin de porter cette nouvelle à l'Impératrice; *Joséphine* s'évanouit à ce triste récit; elle ne peut croire à tant d'ingratitude; elle s'emporte en invectives contre cet homme qu'elle daigna tirer de l'obscurité où il languissait, et qui, pour prix d'un si haut bienfait, l'a délaissée honteusement. Bonaparte arrive sur ces entrefaites : « Il faut vous résigner, Madame; deux millions de rente et Malmaison pour retraite, votre sort n'est point à plaindre. » En vain Joséphine se jette aux genoux de Bonaparte; il la repousse, et ne lui répond que par ces mots, *il faut vous résigner.*

Nous ne manquâmes pas le lendemain de donner à cette scène scandaleuse une couleur dramatique; nous représentâmes dans les journaux l'Impératrice se jetant au cou de Bonaparte, et s'écriant les larmes aux yeux : Vous avez embelli pendant dix ans mon existence, il n'est point de sacrifice dont je ne me croie capable, même celui de la vie, pour assurer le bonheur des Français. Bonaparte avait des amis jusqu'à l'autel. Des Cardinaux Sénateurs (1) trouvèrent

______

(1) Maury, Caselly et Fesch. Ce dernier est maintenant à Rome qui marchande son archevéché. Il ferait mieux sans doute

dans cette circonstance le moyen d'accorder leurs
5o,ooo fr. de rente avec leurs devoirs religieux ; et
sans avoir besoin de recourir à Rome, ils prononcèrent
le divorce. Le mariage de Marie-Louise fut célébré
avec une pompe, une magnificence vraiment orientale.
Louis XV en pareille occasion avait employé 5oo,ooo
fr. ; Bonaparte dépensa cinq millions. Il est vrai qu'il
les rattrapa bientôt en doublant les impôts sur le
coton.

Il était à craindre que le souverain Pontife, qui,
avant de sacrer l'Impératrice avait demandé à Bonaparte s'il reconnaissait Joséphine pour son épouse, et
qui sur la réponse affirmative de céder avait posé sur
la tête de Joséphine la couronne impériale, n'élevât
la voix et de son autorité n'annullât un mariage si
irrégulier (1). Tout était prévu ; et lorsque Bonaparte
combattait à Wagram, l'ordre était donné de charger
de chaînes le vieillard vénérable qui régnait à Rome, et
de planter l'aigle sur le Capitole. Il faut l'avouer, c'est
nous qui les premiers inspirèrent à Bonaparte cette
noire perfidie. Nous étions bien aises d'humilier une
religion dont nous nous étions toujours moqués.

---

de payer les trois cent mille écus qu'il doit à son diocèse. On
dit qu'il jouissait d'un million de revenu. Où donc a passé une
fortune si immense ?

(1) On a prétendu que le mariage de Bonaparte n'avait jamais
été qu'un mariage civil : cela est vrai. On en conclut qu'il pou-
vait, sans être accusé de bigamie, épouser une seconde femme.
Oui : si le Pape, en sacrant l'Empereur, n'avait point légitimé son
premier mariage. Il ne faut pas être grand théologien pour sentir
la vérité de ce principe.

D'ailleurs quel triomphe pour la philosophie de faire mentir l'écriture sainte et les prophètes. Cette première victoire anima notre courage. Déjà on agitait en plein Sénat le mariage des prêtres, l'abolition d'une coutume superstitieuse ; on discutait les moyens qu'il y avait à prendre pour faire nommer Bonaparte chef suprême de l'Eglise. (1) L'ambition de Bonaparte ruina nos espérances !

Depuis long-temps il convoitait le trône d'Espagne ; il fallait pour l'envahir, un prétexte au moins spécieux. Des agens secrets sont envoyés à Madrid pour travailler la populace : des bruits absurdes sont habilement semés ; on ne parle plus que de conspirations. Le peuple murmure, se soulève ; et lorsque l'Espagne est livrée à tous les désordres d'une révolution naissante, Bonaparte paraît, s'empare du malheureux Charles IV, le charge de chaînes, et l'envoie esclave à Marseille. S'il faut en croire à ses promesses, il vient pour le bonheur et la paix des Espagnols : aussi n'a-t-il rien de plus pressé que d'abolir l'inquisition et de faire couper la tête à quelques milliers de moines : pouvait-il donner de meilleures preuves de ses intentions pacifiques ? Je peindrai difficilement les transports que fit éclater le Sénat à cette heureuse nouvelle. Ce

____

(1) Il est certain que plus d'une fois Bonaparte déclama en plein Sénat, contre le célibat des prêtres et contre la confession qu'il appelait une momerie de singe : il disait souvent qu'il n'y avait au monde qu'un seul homme d'heureux, le roi d'Angleterre, parce qu'il réunissait ensemble le pouvoir civil et le pouvoir religieux. Il faudra bien, ajoutait-il avec un rire sardonique, qu'un jour j'en vienne là.

tribunal de sang qui depuis plusieurs siècles insultait à la raison et aux lumières, est donc enfin aboli ! Le monstre inquisitorial n'est plus ! Quel jour de fête pour la philosopie ! Par malheur les Espagnols de Madrid ne pensaient pas tout-à-fait comme les Sénateurs de Paris : endormis un moment, ils se réveillent tout-à-coup, se rallient et marchent pour nous combattre, les moines à leur tête. Nous rions de pitié : tous les moines du monde ne nous eussent pas fait douter un instant de nos prochains triomphes. Bonaparte en quittant la capitale avait juré d'arborer dans trois mois ses aigles victorieuses sur les clochers de Lisbonne. Il avait dit en plaisantant que l'Espagne n'était pour lui qu'un déjeûner. Quel dé-jeûner, grand Dieu ! De compte fait, il a coûté à la France quinze cents millions, et plus de huit cent mille hommes ! Il est vrai qu'il a duré sept ans. »

(Ici Pagniodès se tait : sa voix paraît s'éteindre ; sa tête penchée tombe sur son chevet. Après quelques minutes de repos, il se lève de nouveau sur son séant, et termine ainsi son triste récit.)

« Trompé pour la première fois dans ses calculs ambitieux, Bonaparte cherche à se venger sur une autre puissance de l'affront que ses armes viennent d'essuyer en Espagne. La Russie lui paraît une proie facile à dévorer : mais comment déclarer la guerre à cette nation ?.... N'a-t-elle pas rompu le fameux traité de Tilsitt ? Alexandre n'a-t-il pas manqué à sa parole ? Il avait promis de ruiner son empire, plutôt que de recevoir dans ses ports une seule frégate Anglaise.... La guerre ! la guerre! c'est le cri du Sénat. La nation entière est appelée aux armes : le succès ne peut être douteux.

Les destins de la Russie vont s'accomplir; la fatalité l'en-
traîne, sa perte est inévitable. Bonaparte l'a dit solennellement en faisant ses adieux au Sénat pour aller se
mettre à la tête de ses troupes. Jamais depuis des siècles
on n'avait vu une plus belle armée; presque tous les
soldats qui la composaient étaient de vieux guerriers de
Marengo, d'Austerlitz, d'Iéna, de Wagram : hélas! un
moment a suffi pour anéantir l'élite des braves; le
souffle du Nord a consumé dans un clein-d'œil cette
génération de héros !.... Heureusement pour nous,
Bonaparte n'a jamais joui d'une meilleure santé. Il arrive à Paris, comme fût arrivé un vainqueur. Le Sénat
va lui présenter les hommages, et ne pouvant célébrer
ses triomphes, il lui rend grâces, comme autrefois le
peuple Romain à Varron, de ce qu'il n'a pas désespéré
du salut de l'empire; il va jusqu'à lui faire un sujet de
gloire d'avoir, en même temps qu'il ébranlait le trône
des Czars, réglé le sort des comédiens, et fixé la paye
des auteurs dramatiques. Quelle profondeur de génie!!

Ainsi donc cette armée si brillante, si formidable,
qui faisait l'admiration de l'Europe, a disparu dans
moins de six mois. Comment remplacer ces vieilles
phalanges qui comptaient autant de trophées que de
batailles, et dont l'aspect décidait de la victoire? Une
moisson d'hommes restait encore : la faux de la cons-
cription l'avait jusqu'ici épargnée. C'étaient des enfans
de veuves ou de pères infirmes accablés sous le poids
des ans : on les arrache sans pitié à leurs malheureux
parens ! Six cent mille hommes s'avancent pour laver
l'outrage fait à leurs compagnons d'armes dans la der-
nière campagne. Ils triomphent d'abord; mais les plaines

de Leipsick rappellent bientôt les bords de la Berezina ;
et après quatorze siècles de gloire, la France toute
entière vient expirer sur les rives de la Saale.

Des défaites si multipliées ne peuvent abattre l'orgueil de Bonaparte ; le démon des conquêtes l'agite
et le tourmente encore ; il ne rêve que victoires, que
succès. En vain l'ennemi lui propose la paix : sa gloire
passée lui défend de l'accepter ; il veut démembrer le
grand Empire, et donner des lois à celui de qui relè-
vent les trônes et les couronnes. Quel projet insensé !
N'avons-nous pas deux millions de Français prêts à
verser leur sang, plutôt que de supporter l'idée seule
d'esclavage.... Voilà ce que le Sénat ne cesse de répéter
à Bonaparte. Mais l'ennemi s'est mis en marche,
déjà même il a envahi le territoire français. Il était
temps de songer à se défendre. Des divers points de
l'Empire on fait partir en toute hâte le peu de troupes
qui restent encore à la France ; on en forme une
armée ; mais quelle armée ? Point de cavalerie, point
d'artillerie, les fusils même manquent aux soldats ;
c'est avec ces faibles phalanges que Bonaparte veut
aller brûler Munich, et signer la paix à Vienne. Il
a juré de chasser dans trois mois l'ennemi du sol
français, et fût-il sur les hauteurs de Montmartre,
il ne céderait aucun village ! Les trois mois expirent...
et tandis que pour remonter l'esprit public, nous rem-
plissons les journaux de mensonges absurdes, de décla-
mations furibondes, d'adresses incendiaires ; tandis
que nous faisons retentir la capitale du bruit des victoires de Bonaparte, l'ennemi vainqueur est aux
portes de Paris.... Le Sénat épouvanté ne sait que

résoudre, il veut fuir... Les troupes alliées inondent déjà la capitale le Sénat s'assemble aussitôt, et rédige en deux jours une constitution qui eût demandé six mois de travail et de méditations profondes ; jamais le délire de l'égoïsme ne fut poussé si loin ; sur plus de trente articles dont cette charte constitutionnelle se compose, dix sont consacrés à nos intérêts les plus chers ! Non, sans doute, une pareille constitution ne saurait convenir aux Français ; tôt ou tard elle les précipiterait dans cet abîme de maux qui signalèrent l'époque déplorable dont le souvenir glace encore d'effroi.... Mais je sens que mes forces m'abandonnent... Puisse le Français oublier que je fus coupable ! Que j'expie cruellement mes erreurs passées ! Puisse la vengeance céleste.... »

Pagniodès n'acheva pas, ses yeux se fermèrent ; il me serra la main, et mourut.